全民科普　创新中国

再现史前文明

冯化太◎主编

汕头大学出版社

图书在版编目（CIP）数据

再现史前文明 / 冯化太主编. -- 汕头：汕头大学
出版社，2018.8（2023.5重印）
　　ISBN 978-7-5658-3702-9

　　Ⅰ．①再… Ⅱ．①冯… Ⅲ．①远古文化－世界－青少
年读物 Ⅳ．①K11-49

　　中国版本图书馆CIP数据核字（2018）第163985号

再现史前文明　　　　　　　ZAIXIAN SHIQIAN WENMING

主　　编：冯化太
责任编辑：汪艳蕾
责任技编：黄东生
封面设计：大华文苑
出版发行：汕头大学出版社
　　　　　广东省汕头市大学路243号汕头大学校园内　邮政编码：515063
电　　话：0754-82904613
印　　刷：北京一鑫印务有限责任公司
开　　本：690mm×960mm　1/16
印　　张：10
字　　数：126千字
版　　次：2018年8月第1版
印　　次：2023年5月第2次印刷
定　　价：45.00元
ISBN 978-7-5658-3702-9

前言

PREFACE

习近平总书记曾指出："科技创新、科学普及是实现创新发展的两翼，要把科学普及放在与科技创新同等重要的位置。没有全民科学素质普遍提高，就难以建立起宏大的高素质创新大军，难以实现科技成果快速转化。"

科学是人类进步的第一推动力，而科学知识的学习则是实现这一推动的必由之路。特别是科学素质决定着人们的思维和行为方式，既是我国实施创新驱动发展战略的重要基础，也是持续提高我国综合国力和实现中华复兴的必要条件。

党的十九大报告指出，我国经济已由高速增长阶段转向高质量发展阶段。在这一大背景下，提升广大人民群众的科学素质、创新本领尤为重要，需要全社会的共同努力。所以，广大人民群众科学素质的提升不仅仅关乎科技创新和经济发展，更是涉及公民精神文化追求的大问题。

科学普及是实现万众创新的基础，基础更宽广更牢固，创新才能具有无限的美好前景。特别是对广大青少年大力加强科学教育，使他们获得科学思想、科学精神、科学态度以及科学方法的熏陶和培养，让他们热爱科学、崇尚科学，自觉投身科学，实现科技创新的接力和传承，是现在科学普及的当务之急。

近年来，虽然我国广大人民群众的科学素质总体水平大有提高，但发展依然不平衡，与世界发达国家相比差距依然较大，这已经成为制约发展的瓶颈之一。为此，我国制定了《全民科学素质行动计划纲要实施方案（2016—2020年）》，要求广大人民群众具备科学素质的比例要超过10%。所以，在提升人民群众科学素质方面，我们还任重道远。

我国已经进入"两个一百年"奋斗目标的历史交汇期，在全面建设社会主义现代化国家的新征程中，需要科学技术来引航。因此，广大人民群众希望拥有更多的科普作品来传播科学知识、传授科学方法和弘扬科学精神，用以营造浓厚的科学文化气氛，让科学普及和科技创新比翼齐飞。

为此，在有关专家和部门指导下，我们特别编辑了这套科普作品。主要针对广大读者的好奇和探索心理，全面介绍了自然世界存在的各种奥秘未解现象和最新探索发现，以及现代最新科技成果、科技发展等内容，具有很强的科学性、前沿性和可读性，能够启迪思考、增加知识和开阔视野，能够激发广大读者关心自然和热爱科学，以及增强探索发现和开拓创新的精神，是全民科普阅读的良师益友。

目录
CONTENTS

失落的利莫里亚文明

利莫里亚是传说还是事实

传说中失落的利莫里亚文明是一个几乎与亚特兰蒂斯相齐名，与之共存并出现更早的远古文明。据考证利莫里亚存在于南太平洋，在北美洲与亚洲、澳洲之间。

　　传说利莫里亚人能够冶炼高纯度的金属，能够不受距离和障碍物限制进行通讯联系，他们掌握的通讯手段甚至比无线电通讯还要先进，因而人们把这个神秘国家当做人类的起源地。然而利莫里亚这个国家是否真实存在呢？

　　19世纪中期，有些生物学家根据马达加斯加和印度尼西亚的狐猴种群分布情况，认为在这两者之间存在过一个大陆，并且把这个大陆命名为利莫里亚，认为它就是80万年前沉入印度洋底的那个神秘国家。

　　许多专家学者为这个学说感到欢欣鼓舞，因为他们原本就相信利莫里亚真的存在。然而，有些人认为仅靠狐猴种群分布

就断定利莫里亚的存在未免太轻率了，因为根据历史发展常识，很难想象几十万年前会出现如此高度文明的国家。

寻找利莫里亚存在的证据

科学家列举印度洋群岛大量古代遗迹和民间传说，力证利莫里亚大陆的确存在过。比如柏那贝岛上有一处巨大的遗迹，叫做南玛多尔，它是由98座人工岛及其他建筑物组成的。

科学家认为南玛多尔遗迹所表现出的文明和利莫里亚很相近，因为组成南玛多尔的每个小岛均有用玄武岩建造的城壁、正宫、神殿和住宅，岛与岛之间还有运河相连，显示出过去的南玛多尔应是像现在威尼斯一样的水上城市，并且可以想象出

当时的南玛多尔很繁荣。

更令人信服的证据还有土阿莫土群岛上与玛雅金字塔极为相似的祭坛、塔普岛上奇妙的石门、迪安尼岛上的石柱、雅布岛上巨大的石币和努克喜巴岛石像等，所有这些都代表着一种古老的文明，而且这些小岛都有着明显的相似点，都有关于大陆沉落的传说。既然与利莫里亚相距不远的小岛都出现了高度发展的文明迹象，因而一大部分科学家执著地相信，利莫里亚确实存在，并且同样有着相当高的文明。

利莫里亚哪里去了

若利莫里亚确实存在，那它为什么会在距今80万年前突然消失了呢？

科学家认为，它可能是被同时袭来的几次大灾难毁灭的。当时降临的灾难可能是覆盖地球大片陆地的冰雪融化了，形成了特大洪水，使得大洪水把陆地冲走了。与此同时，大洪水又带来了大地震。恰巧这时候，又有一颗小行星不偏不倚地撞到利莫里亚上。这一连串致命的打击加在一起就把利莫里亚彻底毁灭了。

　　1926年，詹姆斯•邱奇尔德，一个住在印度的英国人，在《神奇的穆符号》一书中描述了利莫里亚沉没的情况，尽管文中描述多半可能是出于作者的想象，但仍然引起了后辈专家学者的浓厚兴趣。书中如此描述：

　　整个陆块就像海洋里的波浪一般震动翻滚着。继而，像打了个晴天霹雳一样，整个陆块就沉下去了。下沉，下沉，下沉，它沉到了地狱—熔岩中。幸存者来到了没有沉没的岛屿上，没有食物，没有衣服，他们需要为生存而斗争。但是，没有大陆的支持，小岛也很快就消失了。

　　利莫里亚就这样消失了，沉没到了印度洋底。如果是这样，探险家就可以在印度洋底发现利莫里亚曾存在的蛛丝马迹，然而到目前为止，令人信服的发现屈指可数。是探险家没有发现呢，还是沉没之际，利莫里亚人及时躲了起来？如果是躲起来，又会躲在哪里呢？

20世纪以来，有一些科学家认为，利莫里亚所在地尽管沉没到印度洋底，但利莫里亚人并没有毁灭，而是存活下来了，他们居住在沙斯塔山上，而且是山里面的地下隧道。

此种说法令人匪夷所思，难道利莫里亚人是遁地一族，可

以生活在地底下吗？而沙斯塔山是一座死火山，位于美国加利福尼亚州北部，海拔4316米，呈圆锥形，山顶终年积雪，有冰川。这究竟又是怎么回事呢？至今无人能给出明确的答案。

拓 展 阅 读

依据太平洋一些岛屿的传说故事，利莫里亚是在太平洋上类似"伊甸园"的热带岛屿。岛上生活着许多美丽的动物，数千年以前，它带着未解之谜沉入印度洋海底。像亚特兰蒂斯一样，科学家对于利莫里亚是否存在的争论一直未停止过。

沉入海底的古希腊文明

古希腊文明时期

古希腊文明，主要是指在公元前8世纪至公元前323年间，被称为希腊的人们"创造"的文明。此前的几个世纪，称为荷

马时期，又称"英雄时期"；此后数百年，据说是希腊文明传遍世界、影响世界的时期，故称之为"希腊化"时期。专家们说到古希腊文明，往往包含"希腊化"时期。

希腊人主要生活在爱琴海两岸的诸"半岛"或者岛屿上，分成大大小小若干个独立的"城邦"，从来不是一个统一的国家。他们没有国家概念，更谈不上国家意识。

这些"城邦"是一个村庄或几个村庄的联合体，人口一般万儿八千的。大家或农耕或渔猎或商贸，多以农业为主。为了利益，相互间的战争从来没有间断过。

发现浮雕大理石

1954年8月，苏联阿布哈兹自治共和国首都苏呼米疗养院的一位工作人员，在黑海岸边的浅水口中发现了一块浅灰色带斑点的大理石，长约1.5米，宽0.5米左右，其中一个角已被折断。

这不是一块普通的大理石，而是一块雕刻精美的浮雕。上面的图案是一个年轻妇女端坐在安乐椅中，身边躬身站着一个小男孩和一个手拿小匣的女仆。画面雕刻手法细腻，构图严谨。人物面部沉思的表情带给观看者一种寂静、忧郁的感觉。

科学家发现，这块浮雕与俄罗斯的施洗者约翰大教堂里面珍藏的许多珍贵的希腊墓碑有很多共同特征，无论是人物造

型、画面结构还是笔法等都惊人地相似。科学工作者从而推断这是一块公元前5世纪古希腊人的墓碑。科学家不禁要问：难道在黑海沿岸的苏呼米也有古希腊城池的遗址？

发现古罗马城市

经过一番努力，1956年奇迹终于发生了，学者们发现了一座大部分陷于海底的1世纪的古罗马城市。

考古工作者潜入苏呼米湾海底，在那里，一座巨大的雄伟的城市废墟展现在人们面前，海岸与正方形的城市广场是由一条用鹅卵石和石灰砖石铺砌的街道相连接，广场四周还有高大的城墙遗址。

在海底还发现了许多黑漆陶器碎片，数不清的葡萄核，一个大石臼，一个手摇磨的磨盘。而在下一

层中则发现有古代双耳瓶、瓦罐、古希腊的尖底大缸以及茶炊等碎片，这些物品上均有"狄奥斯库里亚"的标记。这就是人们寻找多年的罗马和拜占庭的狄奥斯库里亚和谢巴斯托波利斯最灿烂的古希腊文明的重要组成部分。

海底两座灿烂古城是哪里

远在公元前600年左右，一个名叫狄奥斯库里亚的城市由希腊人在黑海东岸建立起来。当时，这里是希腊人一个巨大的商业中心，极为昌盛，后来在大自然的浩劫中变为一片废墟。

大约公元前6世纪，罗马人又在这里重新建了谢巴斯托波利斯城，以其雄伟的城墙，各种先进的防御设施，堪称黑海边的第一大城。可是令众人感到遗憾的是，从此以后这座城市的历史中断了，史书上再也没有提到过这个城市，直至2000多年后，人们才在海底重新发现了这两座灿烂的文明古城。

随着研究一步步地深入，研究者描绘出了黑海沿岸古城毁灭时的情景。古代一批勇敢的航海家历尽千难万险乘船横越黑海，在美丽的海岸定居下来，成为这里最早的移民。他们在这里建造房屋、仓库，还修建了城堡、城墙和高塔，使这里发展成一定规模的城市，发展了自己的文明，并且成为生活在该地区北部及近处各民族的共同贸易中心。

可是他们在建造城市时忽略了脚下土地的稳定性，海水逐

渐侵蚀过来，不断冲蚀着土壤，而他们拯救自己的措施也把自己推向大海。城市居民为了阻挡海水的侵蚀，建了护岸墙和其他的一些保护性建筑。

于是水分便渗入地下，下垫层遭到浸湿，土地变得越来越沉重了。膨胀了的土块的重量大大超过暂时维持它们平衡的摩擦力，整个城市的土层开始滑动起来。城市的街区渐渐滑向海内，街道向下塌陷，海水渗入了住宅。陡峭的海岸塌向了海内，住宅、宫殿的石砌山墙倒塌了，城市一步步滑向大海的中心，从此沉睡了两千年。

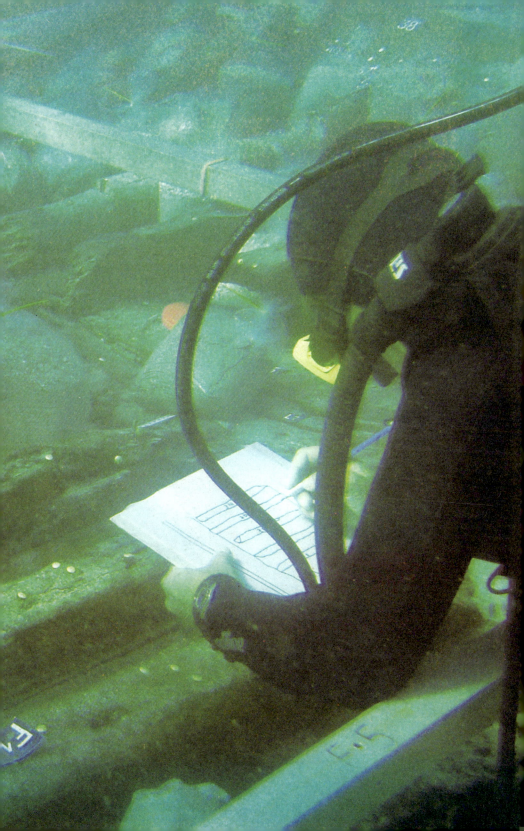

由于被海岸冲积土层层覆盖着，在沙砾之下还有许多古人创造的灿烂文明不能重现昔日辉煌。

古希腊沉船之谜

在希腊政府的协助下，一批专业潜水员在希腊附近的海底打捞起了一艘沉没的古船。为了保存船上物品的完整，他们的打捞工作一直持续了9个月。这些物品被雅典国家考古博物馆精心收藏。考古学家鉴定它们均出自古希腊时期。可就在这批古物里，人们发现了一个鹤立鸡群的东西，那是一个差动齿轮

机械装置。让人疑惑的是，它所显示的机械工艺之精良，绝对可以跟现代技艺相媲美。古人制作它做什么用？又是谁制造了它？

开始很多人都难以相信这是古希腊时代的机械装置，他们普遍认为那个时候还不具备这么高的机械制造水平，但还是有一部分人在执著地推测着它在古希腊时代的用途所在。

有人说它是航海时指示方位的仪器，也有人认为它是阿基米德制作出来的一个小型天象仪，它的目的是用来计算日月星辰的运行。人们的惊叹之声并未就此停止，古希腊时代的机械

水平真有如此高超精致吗？毕竟我们还没能发现其他同时代的机械装置出土，要想承认这个装置是现代机械技艺的鼻祖，看来还需要等待一些时日。

拓展阅读

公元前2000年前后，爱琴文明发祥于克里特岛，后来文明中心古希腊移至希腊半岛，出现迈锡尼文明。克里特岛文明与迈锡尼文明合称爱琴文明，历时约800年，它是古代希腊文明的开端。古希腊紧邻地中海和爱琴海，是海洋文明的源头，所以古希腊文明又称海洋文明。

古希腊的克里特文明

考古学家的发现

　　克里特文明，也译作米诺斯文明或迈诺安文明，是爱琴海地区的古代文明，出现于古希腊。在迈锡尼文明之前的青铜时代，约公元前3000年至前1450年，该文明的发展主要集中在克里特岛。

20世纪初，英国考古学家伊文思等来到克里特岛上进行考古发掘，经过多年的努力，他们在岛上发掘出好几座古城的遗址，另外还有大量的文物，证明了克里特王国的存在。

在古都"克诺索斯"的遗址中，考古学家发现了一座王宫的废墟。它占地约20000平方米，依坡而建，共有3层，还有地下室。宫中大小房屋共几百间，均由迂回曲折的廊道连接。王宫结构之复杂，实为罕见。学者们认为，这就是传说中米诺斯双斧迷宫，因为在废墟中发现了双斧标志。

考古学家在王宫的墙壁上发现种种题材的壁画，上面绘画的都是些国王和贵族妇女及仆役的形象。这些壁画历经数千载之久，色泽仍然鲜丽如初。在王宫一个仓库里发现了许多一人高的大陶缸，里面装着粮食、橄榄油和酒。在另一些仓库里放

着战车和兵器。一间外面包着铅皮的小室贮藏着国王的巨大财富，其中包括无数的宝石、黄金饰物和印章。

在出土的文物中，最有历史价值的是那些数万张刻有文字的泥版，在这些泥版上，古克里特诗人用线形文字记述了国王的档案和重要事件。一块文字泥版上赫然写着："雅典贡来妇女7人，童子及幼女各一名"，这不禁使人想起关于米诺斯王强迫雅典进贡童男童女的故事。

克里特文明的起源

克诺索斯位于克里特岛北部，这里最早的宫殿于公元前1900年左右兴建，建在新石器时代的居民点内。这个时期，克诺索斯的政治、经济和社会组织得以发展，不仅与东地中海沿岸的贸易频繁，还与埃及、腓尼基、小亚细亚、西西里、意大利等地有广泛的联系。

在法伊斯托斯、马利阿、扎克罗斯等地也陆续出现了宫殿。克诺索斯的后宫殿毁于地震或战祸，后又重建，而且更加雄伟。这是一个由多座两层以上楼房组成的完美建筑群，有专供举行祭祀的场所。

公元前1500年左右，克诺索斯和法伊斯托斯等地的宫殿同时遭到破坏，有人认为是由于锡拉岛附近的火山爆发。公元前1450年左右，宫殿遭到人为破坏，可能是由于巴尔干半岛希腊人的入侵。从这时起，希腊人成了克里特岛的主宰，并逐渐与当地原有居民融合，克里特文明亦随之结束。

克里特文明的发展

米诺斯人主要以从事海外贸易为主。他们的文化在约前1700年之前显出高度的组织性，与之后以军事贵族统治为特点的文化相同。许多历史学家和考古学家相信，米诺斯人在青铜

时期重要的锡交易中扮演了重要的角色。锡与产自塞浦路斯的铜的合金被用来制造青铜。而随后青铜工具逐渐由性能更优的铁器所取代的过程，与米诺斯文明的衰落相吻合。此外，米诺斯人还进行番红花的贸易，这是一种产自爱琴地区的自然基因变种产物。虽然很难找到这种贸易的实物证据，不过在圣托里尼有幅著名的壁画"番红花采集者"。

克里特文明繁荣时期

公元前1700年至公元前1450年是克里特文明的繁荣时期，克诺索斯的米诺斯王朝不仅统治克里特岛，还包括基克拉迪斯群岛。克里特首都克诺索斯有8万人口，加上海港共在10万人以上。

克诺索斯城的主体是庞大复杂的宫殿建筑群，由于拥有当时最强大的海军，克诺索斯城的宫殿几乎无外患之忧，只是因为没有坚固的围墙和城堡，所以在外观上不像埃及等地的宫殿看起来那样高大宏伟。

克里特文明的消失

3000多年前在地中海上曾经盛极一时的克里特文明最后突然神秘消失。究竟是什么原因造成这个古代文明的蒸发，这一切具体又发生在什么时候，这已经成为困扰考古学界多年的难

解之谜。而一段在地下埋藏数千年的橄榄枝有望成为解开这个谜团的钥匙，丹麦科学家曾在《科学》杂志上发表论文说，毁灭整个克里特文明的可能是1万年来最大规模的火山喷发。

科学家认为，大约3600多年前，锡拉岛上一座火山突然猛烈喷发，其喷出的烟柱上升到高空，火山灰甚至随风飘散到格陵兰岛、中国和北美洲。火山喷发还引发了大海啸，高达12米的巨浪席卷了距离锡拉岛100多千米的克里特岛，摧毁了沿海的港口和渔村。而且，火山灰长期飘浮在空中，造成一种类似核大战之后的"核冬天"效应，造成此后几年农作物连续欠收。克里特文明可能因此遭受了毁灭性打击，迅速走向衰亡。

消失时间的确定

弗里德里希的另一重要成果在于更加准确地确定了克里特

文明消失的时间。此前，一些考古学家通过把克里特岛文物与古埃及新王朝时期文物作比较，间接推断克里特文明灭亡于公元前1500年左右。此次发现的橄榄树枝能够帮助科学家更加准确地确定火山喷发的时间。

经鉴定，这个时间大约是在公元前1627年至公元前1600年之间。克里特岛最早始于公元前6000年，至公元前2500年前后，受西亚和埃及文明的影响，克里特岛进入了青铜时代。公元前1900年，克里特出现了最初的奴隶主城市国家，主要有克诺索斯、费斯托斯、马利亚、法埃斯特、古尔尼亚、菲拉卡斯特罗和扎克罗等。其中以克诺索斯和法埃斯特最强盛，两者修

筑有大道，拥有海港。

至公元前1700年时，一场灾难毁掉了岛上的宫殿，米诺斯人重建了更加富丽堂皇的宫殿，并由克诺索斯统一全岛。根据希腊神话克里特岛有米诺斯王的传说，学者们称克诺索斯的王朝为米诺斯王朝，克里特文明亦名为米诺斯文明。

虽然只是把克里特文明灭亡的时间向前推了100年左右，但其给历史学界带来的影响却不容忽视，西方文明史的起源部分可能要因此改写。

科学家认为，克里特文明与古埃及新王朝有着密切的商业和文化交流，受到古埃及文明的影响。然而，最新确定的时间

表却否定了这种看法，因为古埃及新王朝开始于公元前16世纪，而那时克里特文明已经不复存在。

拓 展 阅 读

克里特岛是爱琴海上最大的岛屿，而克里特文明是古希腊文明的起点，尤以富丽堂皇、结构复杂的宫殿建筑闻名。这样一个强大的文明最终却不明不白地消失了。对此存在多种猜测，有人认为是它被来自小亚细亚的蛮族摧毁，有人认为是与希腊城邦交战的结果，还有人认为可能是遭遇了大地震。

爱琴海的迈锡尼文明

文明的出现

爱琴海文明是希腊及爱琴地区史前文明的总称。它曾被称为"迈锡尼文明"，因为这一文明的存在被海因里希·施里曼对迈锡尼始于1876年的发掘而进入人们的视野。

　　然而，后续的发现证明迈锡尼在爱琴文明的早期并不占中心的地位，因而后来更多地使用更为一般的地理名称来命名这个文明。

　　迈锡尼文明是希腊青铜时代晚期的文明，它由伯罗奔尼撒半岛的迈锡尼城而得名。

　　约公元前2000年左右，希腊人开始在巴尔干半岛南端定居。从公元前16世纪上半叶起逐渐形成一些奴隶占有制国家，出现了迈锡尼文明。

起源和持续

　　存在了至少3000多年的爱琴海文明在多大程度上可以被认

为是持续的？考古发掘提供了许多证据以回答这一问题。爱琴文明的根可以追溯到漫长的原始新石器时代，这一时期代表为克诺索斯将近6米厚的地层，它包含了石器以及手工制作打磨的器皿的碎片，显示了从底层到顶端持续的技术发展。

这一米诺斯文明层可能比希沙立克的最底层年代更早。它的结束标志为对陶器上白色充填的锯齿状装饰的引进，还发现了以其单色颜料对其主题的复制品。这一阶段的结束后，紧接着的是青铜时代的开端，以及米诺斯文明的第一阶段。

因此，对于分层的仔细观察可以辨认出另外8个阶段，每一个阶段都标志有陶器风格的重要进步。这些阶段占据了整个青铜时代，而后者的终结，标志为铁这一更为先进的材料的引入，也宣告了爱琴时代的落幕。

约公元前1000年，铁在全爱琴范围内获得使用，这种材料或可能是一批北方的入侵者赖以成功的手段，他们在早期定居点的废墟上建立起了自己的统治。同时，对于新石器时代之后的9个克诺索斯时期，我们可以贯穿其中观察到一种非常鲜明的、有序而持久的陶瓷艺术的全方位的发展。

从一个阶段迈向另一个阶段，装饰的组织、形式以及内容逐渐发展。因而直至这2000多年之久的演化末期，原初的影响仍然清晰可辨，这一涓涓细流没有丝毫被打乱的迹象。这个事实可以进一步说明整个文明一直在其基础和本质上沿承着自己的脉络。

虽然在其他艺术种类的遗存中这一论断的例证不够丰富，壁画艺术起码在晚期显示了同样有序的发展而对于宗教，我们至少可以说没有突变的迹象，从统一的自然崇拜通过各个正常的阶段直至晚期发展出拟人神。没有迹象表明有传入的神或宗教理念。

爱琴海文明是土生的文明，深深植根于这片土壤，顽强地在整个新石器时代以及青铜时代延续和成长在自己的土地上。然而有少量证据表现出一些变化，例如外来的小型部落的入侵，他们接受了文化上更占优势的被征服者的文明而融入了后者。克诺索斯王宫的多次重建可能提供了可信的证据。

在爱琴海北部地区迈锡尼、梯林斯以及希沙立克的宫殿中所发现的"正殿"布置可能说明它们是晚期的作品，因为没有一个显示出类似克里特的那种独有的设计。

拓展阅读

现今科学家认为爱琴文明的结束时间较难确定，直至公元前1000年左右爱琴地区才使用铁来制造武器，可能与古典时期希腊人记忆中的多里安人入侵，即北方民族的入侵相吻合。这场入侵没有立即将爱琴海文明扫除，但最终摧毁了诺索斯的宫殿。

哈提人的赫梯文明

赫梯文明的基本情况

赫梯文明发源于小亚细亚东部的高原山区，在哈利斯河，今名克泽尔河上游一带。这里的原始居民称为哈提人，他们既非闪米特人，也与古代其他民族没什么关系。

约公元前2000年代，一支属于印欧人的涅西特人迁入此地，与当地的哈提人逐渐同化，形成了赫梯人，他们说的赫梯语的主要成分是涅西特语。

赫梯国的兴衰

赫梯国大约形成于公元前19世纪中叶，初为小国，后以波加科斯为中心形成联盟，渐趋统一。公元前16世纪初，赫梯军队攻陷巴比伦城。公元前16世纪后半叶，赫梯国王铁列平进行了改革，他确立了王位继承法，即长子优先，无长子归次子，无子归女婿，改革使赫梯的王权得到巩固，国势日盛。

公元前15世纪末至公元前13世纪中期，是赫梯最强盛的时期。此间，赫梯人摧毁了由胡里特人建立的米坦尼王国，并趁埃及埃赫那吞改革之机，夺取埃及的领地，与埃及争霸。于公元前1283年签订和约，与埃及的争霸，使赫梯元气大伤。

公元前13世纪末，"海上民族"席卷了东部地中海地区，赫梯被肢解。公元前8世纪，残存的赫梯王国被亚述所灭。在这片土地上，罗马人曾建立过殖民地，在罗马人之前，希腊与波斯军队曾在此地兵戎相向。

经济与社会生活

早期赫梯国家的生产力虽属青铜时代，但赫梯是西亚地区最早发明冶铁术和使用铁器的国家。赫梯的铁兵器曾使埃及等国家胆寒。亚述人的冶铁术就是从赫梯人那里学来的。赫梯王

把铁视为专利，不许外传，以至贵如黄金，其价格竟是黄铜的60倍。

赫梯以农业为主，工业除冶金之外，还有陶器制造、纺织等工业部门。商业贸易也算繁荣，与埃及、腓尼基、塞浦路斯、爱琴海诸岛等地都有往来。

赫梯的文化

赫梯人的文学主要是神话，包括根据古代苏美尔人的创世和洪水传说改编而成的作品，赫梯的宗教也照搬美索不达米亚的多神崇拜。宗教活动包括占卜、献祭、斋戒和祈祷，而不具备伦理意义。

赫梯以楔形文字记述自己印欧语系的语言，创造了赫梯楔形文。赫梯还另有一套象形文字，用于铭刻和印章，这可能是受哈提人原始图画文字和埃及象形文字的影响。

赫梯人最突出的文化成就当属法律体系，以《赫梯法典》为代表的赫梯人法律，要比古巴比伦的法律更人道，判处死刑的罪过不多，更没有亚述人法律中那些诸如剥皮、宫刑、钉木桩等酷刑。

赫梯人的艺术才能不十分出色，但他们的雕塑作品新颖生动，尤其是石壁上的浮雕作品。城门和王宫门旁，一般都雕有巨大而生动的石狮。他们的建筑材料多用巨石，明显优于两河流域的土坯。赫梯文明的历史成就不仅仅在于发现和使用了铁，而是在于它充当了两河流域同西亚西部地区文化交流的中介。

赫梯是一个伟大的民族，赫梯文明是埃及文明、两河流域文明和爱琴海地区诸文明之间的主要链环之一。目前史书记载

的关于安纳托利亚的历史，几乎都与赫梯人有关。

但是，直至19世纪后半叶，赫梯人的历史虽然在各地的考古发现中得到浮雕、象形文字、契形泥版文书和其他雕刻品的佐证，却仍然难以得到突破，始终不知道它的确切位置。

拓 展 阅 读

卡迭石战役是公元前1298年春，古埃及法老拉美西斯二世率领了3500辆战车和近40000名战士，与赫梯国王穆瓦塔尔争取赫梯在叙利亚的主要基地和军事要塞"泰勒奈比曼德"，而进行的会战。

失踪的哈扎尔文明

哈扎尔国简介

哈扎尔国位于伊季尔河畔，格尔甘河的尽头。河畔居住着众多的部族，有些人住在乡村，有些人住在有着坚固城墙的城市里，国王约瑟夫住在一个三角洲地区。

哈扎尔国有3座城市。其中一座是国王约瑟夫诞生的城市，皇后就住在那里。另一座城市里住着犹太人、基督徒和西班牙人，还有国王居住的椭圆形的城堡，这里还住着国王的大臣、仆人，以及大量的平民。哈扎尔降雨量并不充沛，但大地上河流纵横，到处都有泉水，土壤肥沃，物产丰饶，田地、葡萄园、花园随处可见。

以上是迄今为止人们发现的哈扎尔人讲述自己国家历史的唯一资料。而这份资料来自哈扎尔国王约瑟夫写给一位名叫哈桑·沙福鲁特的阿拉伯大臣的信。

揭秘真相

历史学家们一直怀疑这封信的真实性，直至20世纪人们在开罗发现了收信人哈桑·沙福鲁特写的一封信，这种怀疑才被打消。在信中，哈桑请求拜占庭皇帝给他一艘船，让他前往哈扎尔。当时，拜占庭正与哈扎尔交战。有人从拜占庭首都君士坦丁堡给这位大臣回信说，从君士坦丁堡到哈扎尔王国约有15天的路程，从陆路须经许多国家，并告诉他哈扎尔国王姓约瑟夫。

　　哈桑接到回信后，很可能给约瑟夫国王去了封信，询问哈扎尔的位置，于是约瑟夫就给哈桑回了封介绍王国方位和情况的短信，而这也便成了研究哈扎尔国唯一确切的可供查考的资料。

　　此外，俄罗斯、亚美尼亚等民族的文献资料表明，哈扎尔国曾一度是非常活跃的国家，建筑宏伟，城墙坚固，绿树成荫，气候宜人。哈扎尔军事力量强大，有一支庞大的军队，曾

入侵亚美尼亚人的领土。格鲁吉亚人说哈扎尔国王未能娶到格鲁吉亚大公的女儿为妻，便用武力摧毁了第比利斯城。

　　阿拉伯人的编年史说，从多瑙河到北乌拉尔的各民族都向哈扎尔进贡，并称它是拜占庭与阿拉伯贸易的中转站。俄罗斯人长期和哈扎尔人作战，公元前965年，经过激烈战斗，占领了哈扎尔人的首都伊季尔。随后又从伏尔加三角洲沿里海挥戈南下，直捣哈扎尔王国的谢缅德尔城。

哈扎尔帝国的消失

　　哈扎尔王国没有留下语言文字，也没有留下遗址，那么它究竟是一个怎样的国家呢？它又是怎样消失的呢？

　　一些学者推测，哈扎尔国是被里海吞没的。7世纪时，哈扎尔国拥有大片肥沃土地，哈扎尔人控制着伏尔加河航道，成为伏尔加三角洲的主人。但从这时起，里海开始冲击海岸。年复一年，它无情地吞没了哈扎尔人的乡村、田地，至19世纪中叶，哈扎尔的城堡终于被里海吞没，许多资料都为哈扎尔的被吞没提供了佐证。

然而这里面仍有许多疑点。哈扎尔是被里海逐渐吞噬的，也就是说，其居民可有充分的迁徙机会，那么，他们迁到了何处？其后代又在哪里？另外，哈扎尔是一个幅员辽阔的国家，陆地上总该还有遗址或废墟，但迄今为止人们却未发现一点这方面的线索。

拜占庭编年史曾指出，哈扎尔国的萨凯尔位于顿河边上，

处于通往伊季尔的大道上，后来被基辅大公斯维亚托斯拉夫摧毁。后来，一位苏联考古学教授阿尔塔莫夫经过反复探索，终于找到了凯萨尔的位置，并进行了发掘。但是，他却没有发现任何哈扎尔人的文物。哈扎尔的历史就像飘逝的云，令人琢磨不定。

拓展阅读

哈扎尔人是中世纪南俄草原上的一个古老民族。他们最初信奉萨满教，过着游牧生活。后来，哈扎尔人通过一系列的对外扩张活动，逐渐发展成为一股强大的政治力量，最终在南俄草原上建立起一个庞大的帝国。

神秘的苏美尔文明

苏美尔文明的历史起源

1922年至1934年，英国考古学家伍莱率领庞大的队伍对美索不达米亚南部苏美尔文明的核心聚落乌尔进行了大规模发掘，揭示了这个遗址从7000年以前的一个小村庄到逐步成为世

界上最繁华的文明都市，在基督降生前后被最终废弃的一幅全景画。苏美尔人从何处来到美索不达米亚平原？

一个可能性是从伊朗高原的崇山峻岭中来，因为出土的苏美尔人的最早的建筑物，是按照木结构原理建造的，而木结构建筑通常只是在树木茂密的山区才被广泛采用，不过，这与苏美尔人的神话传说却发生了矛盾。

另一个相反的可能性是从波涛汹涌的大海上来到这大河入海的地方，可是，在苏美尔女王舒伯·亚德的陪葬品之中，却只有一金一银各长约0.6米，只能在幼发拉底河上航行的小船模型。

苏美尔文明的政治演进

美索不达米亚文明，也叫两河文明或两河流域文明，指在两河流域间的新月沃土底格里斯河和幼发拉底河之间的美索不达米亚平原发展起来的文明，是西亚最早的文明，而苏美尔人则是这一文明的伟大创建者，他们似乎既不是印欧人的一支，也不是闪米特人的一支，他们的原籍可能是东方某地。

在公元前3500年时，苏美尔人在美索不达米亚南部开掘沟渠，依靠复杂的灌溉网，成功地利用了底格里斯河和幼发拉底河的湍急的河水，从而在美索不达米亚南部创建了第一个文明。

至公元前3000年时，苏美尔地区已出现了乌鲁克等12个独立的城市国家。各城市国家为了争雄称霸相互征战，大大削弱了苏美尔人的力量，最后迫使他们臣服于闪米特人。

　　闪米特人的著名领袖萨尔贡一世，建立阿卡德帝国，苏美尔文明从城邦国家过渡到统一王国时期。但它的寿命短暂，历时280年。来自伊朗的新入侵者打败了萨尔贡一世的孙子，苏美尔人的城市国家又一个个地重新出现，直至乌尔城邦崛起，再一次统一各城邦，建立起一个纯粹的苏美尔人的帝国，史称乌尔第三王朝。这一帝国从公元前2113到公元前2006年，维持了将近一个多世纪。

苏美尔的城市文明

　　苏美尔文明实际是城市、城邦文明。早在公元前4300年至

前3500年，苏美尔人就在两河流域内部平原上建立了不少城市，是世界历史上最早建立城市的民族。这些城市的建立，标志着两河流域南部地区氏族制度的解体和向文明时代的过渡。

公元前3500年至前3100年，两河流域由农村到城市的发展过程进一步加快了，公元前3100至前2800年，两河流域南部已经形成了几十个城邦，也就是具有共同血缘和地域的城市国家。

苏美尔人的语言

苏美尔人发明了一种象形文字，后来这种文字发展为楔形文字，这是已知的最古老的人类文字。

今天已经发掘出来的有10多万苏美尔文章，大多数刻在黏土板上。其

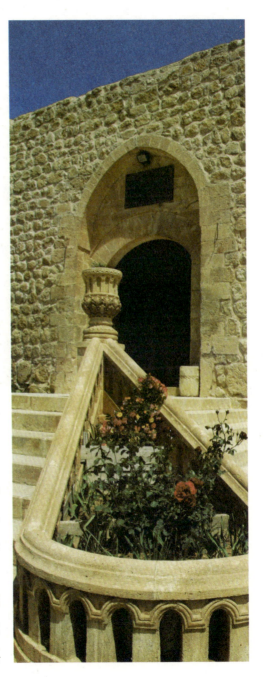

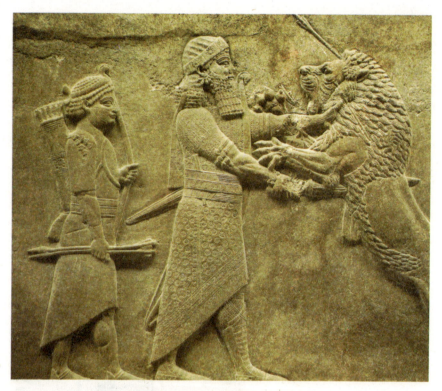

中包括个人和企业信件、汇款、菜谱、百科全书式的列表、法律、赞美歌、祈祷、魔术咒语，还包括数学、天文学和医学内容的科学文章等。

许多大建筑、大型雕塑上也刻有文字。许多文章的多个版本被保留下来了，因为它们经常被拷贝。抄写是当时的人唯一的传播文章的方法。闪米特人成为美索不达米亚的统治者后，苏美尔语依然是宗教和法律的语言。

难懂的苏美尔文字

即使专家也很难懂苏美尔文字。尤其早期的苏美尔文字非常难懂，因为它们经常不包含所有现代人所熟知、或通用的语法结构。

公元前4000年左右，这里就有了最早的居民，那就是苏美尔人。他们创造了灿烂的苏美尔文明，最能反映这种文明特征的是他们的文字即楔形文字。

最初，这种文字是图画文字，渐渐地这种图画文字逐渐发展成苏美尔语的表意文字，把一个或几个符号组合起来，表示一个新的含义。如用"口"表示动作"说"，用代表"眼"和"水"的符号来表示"哭"等。

随着文字的推广和普及，苏美尔人干脆用一个符号表示一个声音，如"箭"和"生命"在苏美尔语中是同一个词，因此

就用同一个符号"箭"来表示。后来又加了一些限定性的部首符号，如人名前加一个"倒三角形"，表示是男人的名字。这样，这种文字体系就基本完备了。

苏美尔人用削成三角形尖头的芦苇秆或骨棒、木棒当笔，在潮湿的黏土制作的泥版上写字，字形自然形成楔形，所以这种文字被称为楔形文字。

为了长久地保存泥版，需要把它晾干后再进行烧制。这种烧制的泥版文书不怕被虫蛀，也不会腐烂，经得起火烧。但美中不足的是，泥版很笨重，每块重约1000克，每看一块都要费力地搬来搬去。到现在，发掘出来的泥版，共有几百万块，最大的有2.7米长，1.95米宽，可谓是巨书。

楔形文字是苏美尔文明的独创，最能反映出苏美尔文明的

特征。楔形文字对西亚许多民族语言文字的形成和发展产生了重要影响。

西亚的巴比伦、亚述、赫梯、叙利亚等国都曾对楔形文字略加改造，来作为自己的书写工具。甚至腓尼基人创制出的字母也有楔形文字的因素。楔形文字是世界上最早的文字，可是，由于它极为复杂，至1世纪就完全消亡了。

苏美尔人的灭亡

历史长河流进入公元前第二个千年以后，在外来敌对势力无情的打击下，乌尔王国很快处于崩溃的边缘，内部的纷争也没完没了。众所周知，和平时期文官地位高，而战争时期则武

将地位高。当第三王朝的末代国王伊比辛在位时，苏美尔大将伊什比埃拉在易欣城发动叛乱，自立为王，并得到了许多其他城市的拥戴。

不久，乌尔城便被闪米特军队攻破，乌尔第三王朝灭亡了。好在伊什比埃拉不光善于策划政变，也比较会打仗，他很快将闪米特人赶出了乌尔城，此后暂时恢复了乌尔王国的旧有疆域。可惜苏美尔人天生就互不服气，互不买账，等伊什比埃拉一死，各个城市又纷纷宣告脱离易欣王朝独立，其中最强大的要数拉尔萨城邦。

苏美尔人内部不团结的劣根性，给了亚述人进攻的天赐良机，他们于公元前1800年左右大举发动扩张战争，占领了包括尼尼微、马里在内的美索不达米亚北部和中部。与此同时，印欧语系的赫梯人在安纳托利亚高原和叙利亚的势力越来越强，伊朗山区的几个民族也纷纷西进，好不容易复兴起来的苏美尔民族，眨眼间又处在了亡国灭种的险境。

在赫梯人对美索不达米亚地区统治800年以后，闪米特人的另一支亚述人决定首先打通本土朝向地中海的道路，于是和赫梯人在勒万特北部打了起来，后来巴比伦人又乘机在亚述的后院点火，结果大大延长了苏美尔民族的寿命。

可闪米特人在内战中改进了不少军事技术，比如战车车轮的结构变得更加轻便了，行动起来更加灵活，而苏美尔人在内战中却什么都没学会，这就敲响了他们最后的丧钟。

公元前1793年，闪米特一支的阿摩利人汉穆拉比大帝在巴

比伦即位，美索不达米亚平原上新的统一战争开始了。公元前1763年，最后一位苏美尔民族的君主瑞穆辛所在的首都拉尔萨城被巴比伦军队攻陷。从此以后，苏美尔人便在历史上销声匿迹了。

拓展阅读

历史上，苏美尔文明灭绝的原因有很多。传统说法是外部以希腊和伊斯兰为代表的新兴文明的征服，取代了年迈的古文明。现今生态考古学的发现提出了过度的农业开发恶化了两河流域先天不足的生态环境。

废弃的印度河文明

印度河文明是如何被引起注意的

印度河是世界上最长的河流之一。在18世纪之前，人们根本没有想到这条藏身于沙漠，人迹罕见的河流曾有过可以与古埃及相媲美的璀璨过去，而且与其他古代文明相比，完全是史

无前例的。

最早引起人们注意是18世纪哈拉巴遗址的发掘，在这里发现了大都市残址。19世纪中叶，印度考古局长康宁翰第二次到哈巴拉时，发掘出一个奇特的印章，但他认为这不过是个外来物品，只写了个简单的报告，此后50年，再也无人注意这个遗址了。

然而，1922年，一个偶然的机会使人们发现了以哈拉巴在内的旁遮普一带为中心，东西达1600米，南北1400米的地域内，属于同一文明的大量遗址，即马亨佐·达摩遗迹。这里出土的物品与哈拉巴出土的相似，人们才想起了50年前哈拉巴出土的印章。这个发现震动了考古学界，因为涵盖范围如此之大的古文明在世界上可以说是独一无二的，这就是所谓的"印度河文明"。

为何广泛挖掘马亨佐·达摩遗址

印度河文明涵盖范围之广在世界上也是独一无二的，其中最著名的是两座古城遗址，即哈拉巴和马亨佐·达摩，印度语为死亡之谷。据最保守的估计，这两座古城距今最少有5000多年，但在印度的早期神话中没有这两座古城的记载，所以更多的人认为，它们的历史也许比猜想的要久远得多。

这些遗址属于同一文明，但生活水平并不一样，这是什么原因呢？对哈拉巴出土的印度印章进行研究的结果令人失望，没有人能释读印章上的文字。文字是一个国家文明的水准，有文字的印章可能在政治、经济活动中担任重要角色，而且印章只在马亨佐·达摩和哈拉巴有出土，于是专家们推断，马亨佐达摩与哈拉巴都是都市，这就可以解释为什么处于同一文明的人生活水准不一样，当然这只是推测。

为了进一步证实马亨佐·达摩和哈拉巴的都市性质，考古学家对马亨佐·达摩进行了最广泛地发掘。

令人惊异的排水系统

马亨佐·达摩古城室内管道设备直至20世纪才在现代社会出现，而城市规划也是最近数十年才得到应用，然而，这一切却都能在马亨佐·达摩古城遗址找到。

位于印度河流域的马亨佐·达摩建于4500年前，城市建设经过事先的规划、设计，布局严整，呈长方形棋盘格状。市区有四通八达的街道，东西走向和南北走向的各宽2.4米至3米，居民住房家家有井和庭院，房屋的建材是烧制过的砖块，室内有管道设备。如果不是亲眼所见，这是难以置信的，因为在其他古代文明中，砖块只用于王宫及神殿的建筑。

当然，最令考古学家惊异的还是遗址完整的排水系统。

马亨佐·达摩古城遗址由两部分构成：西侧的城堡和东侧的广大市街区，城堡建筑在高达3米的地基上，城堡内有砖砌的大型谷仓和被称为"大浴池"的净身用的建筑。"大浴池"是用质量上乘的砖砌成的，长12米，深2.4米，有多条排水道，无论按照什么标准，都是一个大型公共设施。

这一古老文明是如何在曲线图出现前数千年创造这一复杂的城市，所有的一切又是出自何人的规划？这些目前还没有答案。

这些城市的统治者是什么人

考古学家按照惯例首先在马亨佐·达摩寻找王宫和神殿，结果一无所获。这又提出一个问题：是什么人，用什么样的方法统治这块辽阔的国土？而且马亨佐·达摩和哈拉巴有着完全

相同的城市建设，难道它们都是首都？因为没有神殿，能不能用其他古文明中的例子求求古印加、美索不达米亚、古埃及的国王同时兼任法老或祭司王来推测统治者呢？所有遗址中确实没有发现有祭司王统治的痕迹，难道5000多年前的印度河文明已经废弃了君主制？这么大的国土不可能没有统治者。

考古学家又仔细研究第一块和以后出土的印章，但经过一个世纪的努力印章上的字还是无法读解。那么，它是否是一种权力的象征，如果是，这两个城市为什么又没有神殿和宫殿呢？

究竟是什么人创造了这个文明

因为有一小部分印章上刻有神像，于是有人推测，这可能是宗教遗物。但也有人反驳说，这完全是家族或个人的保存品，不能说明整个国家具有宗教性质，况且出土的近30000枚印章有神像的只是很小部分。

谜团越来越多。有人认为只要能够释读印章上的文字，就可以解释这个文明的来龙去脉，大多数考古学家则认为必须从多方面研究，以触类旁通。

开始人们曾误以为印度河文明是受其他文明的影响发展起来的，但是进一步考古发现，无论是文字还是印章都是其他地方看不到的，而且出土人类骨鉴定也表明这里的人融合了许多人种的要素，不是现在已知的某个特定民族。

那些当时建设如此高度文明的城市的人，如果不是印度人的先人，那又是什么人呢？

印度河文明是怎样被废弃的

从马亨佐·达摩遗址出土的人骨，都是在十分奇异的状态下死亡的，换言之，死亡的人并非埋葬在墓中。考古学家发现这些人是猝死的，在通常的古文明遗址中，除非发生过地震和火山爆发，否则不会有猝死的人。

马亨佐·达摩没有发生过这两件事，人骨都是在居室内被发现的，有不少居室内遗体成堆地倒着，惨不忍睹。最引人注目的是，遗体用的双手盖住脸呈现出保护自己的样子。如果不是火山爆发和地震，那是一种什么样的恐怖令这些人瞬间死去呢？这还是一个谜。

考古学家们提出了流行病、袭击和集体自杀等假说，但均被推翻了。无论是流行病还是集体自杀，都不能解释一瞬间死去。为了解开这个谜团，印度考古学家卡哈对出土的人骨进行了详细的化学分析。

卡哈博士的报告说："我在9具白骨中均发现有高温加热的痕迹，不用说这当然不是火葬，也没有火灾的迹象。是什么异常的高温使马亨佐·达摩的居民猝死呢？人们想起了一些科

学家推断的远古时代曾在世界不少地方发生的核战争。马亨佐·达摩遗址与古代假想中的核战争有无关系呢？

事实上，印亚大陆是史诗神话中经常传诵的古代核战争的战场。公元前3000年的大叙事诗《马哈巴拉德》中记叙的战争景象如广岛原子弹爆炸后的惨景，提到的武器连现代化武器也无法比拟。更重要的是如此毛骨悚然的惨痛记忆流传至今，是1945年广岛事件所能相提并论的。

另一首叙事诗《拉马亚那》描述了几十万大军瞬间完全被毁灭的景象。诗中有一点值得注意，大决战的场地是被称为兰卡的城市，而兰卡正是当地人对马亨佐·达摩的称呼。

据当地人描述，1947年，印巴分治后属巴基斯坦而被禁止发掘的马亨佐·达摩，有不少类似广岛核爆炸后遗留下来的玻璃建筑——托立尼提物质，即世界上第一颗原子弹在美国托立尼提沙漠中试爆，沙因高温凝固成的玻璃状物质。答案似乎出来了。但推断毕竟是推断，要人们信服马亨佐·达摩的遗弃与核战争有关还为时过早。有人认为，印度河文明与其他文明是同时崛起并存的。是不是可以说，印度河文明发展之初，受到过外来文明的影响，但在漫长的历史长河中孕育出独特的高度文明。

　　还有人提出，印度河文明是多种文化融合的结果，众说纷

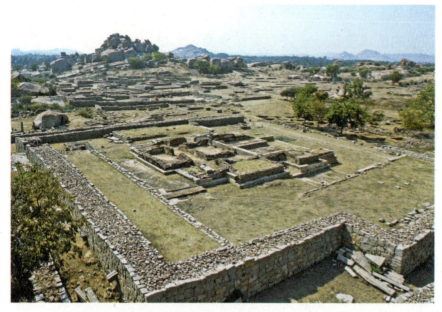

纭。印度河文明不仅是印度文化的源头，也是人类文明史的重
要一环，人们最终定能揭开印度河文明之谜。

拓 展 阅 读

印度河文明，约公元前2300年至公元前1500年，印度河流域文明发生晚于尼罗河流域文明和两河流域文明，但早于黄河流域文明。考古专家表示在印度河流域的马亨佐·达摩和哈拉巴，人口都在40000以上。马亨佐·达摩是世界上最早建立的城市。

探索玛雅文明的奥秘

玛雅文明的发现

许多人都听说过玛雅这个文明的传说，大部分人对于玛雅人的印象与美洲丛林脱离不了关系。提到玛雅人，多数人脑海

中浮现的是一群身着鲜艳羽毛服饰的印第安人，绕着圈圈在月光下进行着神秘的仪式，中间站着法术高强的祭司。

的确，玛雅人居住的地点就在今天的中美洲，神秘的遗迹也在幽静的丛林里，然而有几个人知道，玛雅人跟远在地球另一边的有密切的关系。他们留下来的巨大石造遗迹与高超的艺术作品，令现在人都望尘莫及。

1502年，哥伦布在最后一次远航美洲时，在洪都拉斯海湾地区的市场上曾见到一种制作精美的陶盆。据当地的商人介绍，这种陶盆是从一个叫玛雅的地方运来的。这是欧洲人首次听到玛雅这个名字，在当时显然并没有引起特别的注意。

1511年，有一艘西班牙海船从巴拿马驶向圣多明各，在途中遇海难沉没，12个幸存者在尤卡坦半岛登陆。两周之后，这

些人与玛雅人遭遇，有5名船员成为祭坛上的牺牲品。逃脱的幸存者回到了西班牙占领区，他们的经历是欧洲人对于玛雅人的首次见闻。

　　1519年，西班牙探险者科尔特斯在征服墨西哥的阿兹特克帝国之后向北部和西部推进，1542年在尤卡坦建立第一个殖民地，以后逐步深入玛雅地区。

发现过程

　　西班牙人在16世纪时进入南美洲，他们以入侵者的角度占领这个全新的大陆。当时中南美洲的住民过着原始的农业生活，对于西班牙人的坚船利炮自然是毫无招架之力，与此同时西班牙人也将他们的信仰带到此地，有两个传教士看到了当地人信仰巫术，就放了一把火把他们所藏的古老典籍全部给烧毁了。

也许这些书正是消失已久的玛雅人遗留下来的知识宝典，里面详细记载了他们当年辉煌的科学成就与文化。也许是天意如此吧！今天研究玛雅文明的学者只能从断简残篇中拼凑出玛雅当年的盛况。

玛雅文明遗址

卡拉克穆尔遗址在今墨西哥坎佩切州境内，面积约30平方千米。卡拉克穆尔是玛雅文明古典时期最重要的城邦之一。在玛雅的时代，它是城邦"Kana"的首都，因此卡拉克穆尔的王朝也被称为"蛇之王朝"。

奇琴伊察是一处庞大的前哥伦布时期的考古遗址。奇琴伊

察由玛雅文明所建，坐落在今墨西哥境内的犹加敦半岛北部，也是世界新七大奇迹之一。

科巴是墨西哥尤卡坦半岛上的一个玛雅文明的城市遗址，位于加勒比海岸以西40千米，图卢姆西北44千米，奇琴伊察以东90千米。

科潘遗迹位于洪都拉斯西部的科潘省，靠近危地马拉边境。科潘是玛雅文明古典时期最重要的城邦之一。在当时，她是玛雅诸邦中最靠南的一个。

科潘王国的历史可以追溯至2世纪，在5世纪至9世纪达到鼎盛，然后同其他古典时期各个玛雅城邦一样，突然衰落并被

彻底遗弃在丛林之中。

　　蒂卡尔是玛雅文明中最大的遗弃都市之一。它坐落于危地马拉的佩腾省。蒂卡尔在玛雅语中是"声音之地"或"舌头之地"的意思。碑铭上的玛雅象形文字常常称它为穆塔或雅克斯穆塔，意为"绿色的捆"，也有可能是"第一预言"的隐喻。这些都可能是蒂卡尔古代的名字。

　　乌斯马尔是位于墨西哥尤卡坦州的大型玛雅古城遗址。1994年，被联合国教科文组织列入世界文化遗产。乌斯马尔在古玛雅语中意为"植三棵树"，但也有玛雅语专家执有异议。

　　波南帕克是玛雅文明的城市之一，位于墨西哥的恰帕斯州。考古学家曾在这里发现精美的壁画与国王的石棺，而遗迹的建筑可以追溯至古典早期580年至800年。

丛林里的巨石遗迹

玛雅的金字塔可说是仅次于埃及金字塔的最出名的金字塔建筑了。它们看起来不太一样，埃及金字塔是金黄色的，是一个四角锥形，经过几千年风吹雨打已经有点腐蚀了。

玛雅的金字塔比较矮一点，也是由巨石堆成，石头是灰白色的，整个金字塔也是灰白色的，它不完全是锥形的，顶端有一个祭神的神殿。玛雅金字塔四周各有4个楼梯，每个楼梯有91阶，4个楼梯加上最上面一阶共365阶，刚刚好是一年的天数。

　　玛雅人非常重视天文学的数据，建筑里处处都是这些关于天体运行规律的数字。除了阶梯数目外，金字塔四面各有52个四角浮雕，表示玛雅的一世纪52年。

　　玛雅的天文台也是充满特色的建筑物，以今天的眼光来看，不论是在功能上或外观上，玛雅的天文台与现在的天文台十分类似。以凯若卡天文观测塔为例，建筑在巨大而精美的平台上，有小的台阶一阶阶地通往大平台。与现在的天文台有些相似，也是一个圆筒状的底楼建筑，上面有一个半球形的盖子，这个盖子在现在天文台的设计是天文望远镜伸出的地方。

　　底楼的4个门刚好对准4个方位。这个地方的窗户与门廊形成6条连线，其中至少3条是与天文相关的。其一与春秋有关，另两个与月亮活动有关。

这座凯若卡天文观测塔是遗迹中最大的天文观测塔，其他遗迹也有类似的建筑。它们在位置上都与太阳及月亮对齐，近年来考古学家认为古时候玛雅的天文学家建立了一个地区性的天文观测网。

这些建筑物以今天的角度看也足以令人称奇。以玛雅金字塔来说，巨大的石块如何切凿，搬运到丛林的深处，再把一块块10多吨的石块堆积起来，堆高至70米处，要是没有先进的交通工具及起重设备，是难以完成这个任务的。而生活在丛林里的民族，为什么要花这么大的工夫，建立一个天文观测网？

历史记载，望远镜是

伽利略16世纪才发明的，接着才有大型天文台的出现，而天文观测网的观念是近代才出现的，这样的观念可说是相当先进。由此可以肯定的是，玛雅人当时的科学与今天相比毫不逊色。

拓展阅读

考古学家发现玛雅人会制造车轮，但却不应用在实际生活上，研究专家们为此感到大惑不解。尤其玛雅人既不用车轮，也不借助家畜，更不用金属，那他们建造巨石建筑，真的只用人力吗？这仍是未解之谜。

玛雅文明是怎样衰落的

玛雅文明的历史

玛雅文明曾是西半球最伟大的文明之一。他们务农，建筑巨大的石屋和金字塔，冶炼黄金和铜，使用一种至今尚无人能解读的象形文字。

　　据《契兰·巴兰》一书记载，玛雅人历史可分为3个时期：①前古典期（公元前1500—公元292），其特点是中美各群休形成共同文化，农业得到发展，开始过定居生活。②古典期（292—900），开始有象形文字、石碑、庙宇等，中部地区有了大规模发展，出现神权政治，晚期北方文化发展并达到鼎盛时期。③后古典期（900—1527），在其前期（900—1250），南部和北部出现了文化变革，托尔特克人到达中部高原并实行政治统治，将其宗教、礼仪、习俗强加于玛雅人，建立玛雅城，由科科梅家族进行统治；在北部地区，玛雅文化和托尔特克文化融合，产生著名的玛雅潘文明。在后期（1250—1527），大的玛雅中心相继被遗弃，政治上解体，出现一些小城镇，相互斗争。

在玛雅历史上，没有埃及式的法老，也没有罗马式的恺撒，更没有政教合一的哈里发。从来没有一个权威人物在某一时期统治过所有玛雅人。各个玛雅城市是相对独立的。但是它们又共享同样的宗教、文化和语言，所以，玛雅城市之间的关系大致相当于希腊城邦之间的关系。这样一个高度发达的文明，怎么会如此命运多舛，接二连三遭遇打击呢？

饱暖不思变

玛雅人的主食是玉米。在中美洲的自然环境下，玉米从播种到收获需要190天的时间。玛雅农人需通过六七个月的实际耕作，便可以收获比全家人一年所需还要多一倍的粮食，剩余的粮食可以拿到市场上进行交易。

热带雨林的湿热环境使居住条件相对简单，比起住在寒带或温带的人，玛雅人不必考虑如何御寒。拜地利所赐的玛雅人有充足的时间和精力用于宗教、艺术等文化活动。

伟大的文明不一定诞生于闲暇，但在维持温饱之余仍有余力进行创造，这无疑是文明发展的必要条件之一。大大小小多达10万座的玛雅金字塔就是这种闲暇的产物。

第一次衰落

9世纪，数以百计的玛雅城邦突然被遗弃，那些繁华的都市几乎在同一时期湮灭在热带丛林中。创造了无数奇迹的玛雅人一部分迁徙到了尤卡坦北方的荒野，其余的则撤入丛林，不知所踪。辉煌的玛雅古典期文明就这样神秘地消失了。

玛雅人为何弃城而去，是火山爆发、地震、飓风、瘟疫？还是奴隶起义、内战频繁、外敌入侵……各种各样的推测被提出，却又都没有充足的证据。近年来"生态危机论"被提出，看上去似乎很像这道谜题的最终答案。

　　玛雅的城市文明建立在玉米农业的根基上。自古以来，玛雅人采用一种极原始的耕作法：他们先把树木统统砍光，等过一段时间干燥后，在雨季到来之前放火焚毁，以草木灰作为肥料，滋润贫瘠的雨林土壤。烧一次种一茬，待草木长得比较茂盛之后再烧再种。

　　当文明繁盛、人口大增时，农业的压力越来越大，人们不加节制地毁林开荒，同时尽量缩短休耕时间。结果导致土壤肥力下降，玉米产量降低。占人口大多数的劳力者食不果腹，生活水准一落千丈，只得举国迁徙，另觅他乡。

　　所谓"成也萧何，败也萧何"。玛雅人在得益于上天所赐

的自然环境之时，也为灭亡埋下了灾难的种子。因为自然条件
过于优越，不必考虑提升农业生产力，比起那些经常在温饱线
上挣扎的同类来说，玛雅人缺少应对灾变的意志与能力。

第二次衰落

玛雅古典期文明衰落了，但玛雅文明却远未灭亡，文明的
重心北移。在墨西哥尤卡坦半岛的石灰岩平原上，一些新的玛
雅城邦再度兴起，构成了后古典期的玛雅文明。

不过它们再也没有达到过古典期那样的辉煌。后古典期的
玛雅文明建立在干旱贫瘠的土地上，这种先天的不足，导致了
历史重演，使玛雅再次陷入颓势。自1519年起的西班牙殖民入
侵构成了压垮骆驼的最后一根稻草，从此玛雅湮没在丛林荒草

之中。

现在，仍有将近200万玛雅人生活在祖先的土地上，使用着近25种玛雅语，然而他们对过去的历史几乎一无所知，他们和丛林深处的废墟一同缄默着，共同构成了失落文明的遥远背影。

玛雅人有着独特的时间观，他们认为世界是不断创造又不断毁灭的，今日的世界也有自己的毁灭期。

太阳活动和玛雅文明的衰败

科学家们推测，太阳亮度的微妙变化激发了尤卡坦半岛灾

难性的气候变化，从而可能触发了玛雅文明的毁灭。这项新研究从湖底的岩芯中得到证实：当地遭受几千年来最严重的干旱时，正是玛雅文明衰落开始加速之际。

太阳的活动有一个"200年震荡"，不同的研究给出的周期在206年至208年之间。这一周期活动被记录在由宇宙射线产生并残留在树的年轮里的碳−14同位素的含量分布中，科学家们认为这与太阳黑子数目的变化和太阳的亮度具有对应的关系。

新的纪录是来自墨西哥湖底的、具有非常好的年代测定和高分辨的岩芯。沉积在湖底的石膏含量的变化记录了湖的气候变化。无论何时，当降雨量减少时，蒸发作用将盐浓缩，湖水沉淀出石膏。

美国佛罗里达大学的古气候学家们将岩芯的石膏含量记录和太阳活动的记录进行了对比，他们发现太阳活动的200年震荡纪录与石膏含量的变化完全一致。

玛雅文明的衰落与干旱有关

一项新的研究认为，玛雅文明的神秘消失，很可能与该地3次严重而持续时间长的干旱有关。这3次干旱每次持续3年至9年，可能给本已在崩溃边缘的玛雅文明捅上了最后一刀。

瑞士联邦技术学院一研究组认为750年至950年，玛雅经历了一次大的人口急剧下降的时期。古玛雅人在750年左右达到极盛，其人口达到300万至1300万，但到9世纪早期，人口开始急剧下降，许多城镇被荒废。这3次干旱分别大约在810年，860年和910年，与考古证据中玛雅文明衰亡的时间吻合。

这些发现基于对该地区发现的沉淀物所做的长期的气候记录分析得出的。不同层的这些沉淀物往往分明的表明每年的干湿情况。该研究小组通过对含钛量不同的分析辨别了该地区每年的降雨量。尽管这样，还很难精确表明干旱与玛雅文明的衰落有关。

战争失利文明被毁

德莫莱斯特是美国范

德比尔特大学的考古学家，他领导的一个考古小组5年前来到
危地马拉进行考古探险，在一个名叫坎祖恩的玛雅遗址上挖掘
出了迄今为止保存最为完好的玛雅人宫殿建筑群落。

　　不久前，考古小组成员在这一地区意外地发现了数个大型
墓穴，其中不但整齐地堆放着人类尸骨，还有众多史前古器
物。德莫莱斯特认为，这一发现有助于解开已经困扰了人类几
个世纪的难题，即玛雅文明到底是为何迅速走向衰败的。

　　德莫莱斯特认为，之前挖掘出的玛雅人宫殿建筑群落位于

坎祖恩古城遗址中央，宫殿用石灰石建造，分3层，共有11个院落，170个房间。从宫殿规模可以判定，坎祖恩是当时玛雅文明繁盛时涌现出的多个南部低地城市之一。对于在这一地区刚刚发现的大型墓穴，德莫莱斯特认为，它们很可能是在一场战争后被胜利者建造起来的。

当时生活在坎祖恩的玛雅人有可能经历了一场非常惨烈的战争，尽管目前不能判断交战的另一方是何许人，但可以肯定的是，玛雅人在这场战争中被打败了，城市中幸存的玛雅人不但被胜利一方斩尽杀绝，整个城市的文明也几乎全部被毁，随着

战争的结束，坎祖恩也变成一个没有人烟的废弃之地。

根据德莫莱斯特的理论，坎祖恩战争结束后，生活在附近其他城市的玛雅人被迫离开故土，开始向中美洲北部和东部辗转迁徙，在这些地区的自然资源被耗尽之后，玛雅文明最终开始走向衰落。

最新理论获得认同

德莫莱斯特认为，坎祖恩战争无异于一块被推倒的多米诺骨牌，它引发了玛雅文明的迅速衰落。德莫莱斯特说："这是一个非常重要的历史时刻，其重要性不亚于1914年奥地利大公费迪南遇刺引发第一次世界大战。"

美国考古学家·弗雷德尔认为，坎祖恩战争有可能是由一场农民起义引发的，也有可能是一场外族入侵。德莫莱斯特考古小组在坎祖恩遗址上还发现了一个尚未完工的用石器和木头匆忙搭建起来的防护围栏。德莫莱斯特说，从中可以判断，当时生活在坎祖恩的玛雅人预先知道有一场灾难即将降临，但很显然，他们的抵抗最终还是失败了。

砍伐森林说

一些专家指出，玛雅有着复杂的宗教体系，都市都是以金

字塔和神庙为核心，在兴建金字塔和神庙时，习惯于用白石灰来粉刷外墙，烧制石灰需要大量木材，玛雅人便开始砍伐森林。

随着都市范围的不断扩大，金字塔修建得日益增高，对木柴的需求量也越来越大，最后，大片森林被砍伐殆尽，当地的环境也逐渐恶化，干旱自然不可避免。对此，当前墨西哥南部和美洲各国普遍散布这玛雅金字塔遗迹就是最好的证实。

等级划分说

有学者以为，严格的等级划分是导致后古典期文明衰落之后，玛雅文明销声匿迹的首要原因。玛雅精湛的知识和文明只控制在极少数贵族和祭司的手中，占玛雅人口绝大多数的下层

劳动者完全是文盲。

这些养尊处优的贵族知识分子，在繁华殆尽后难以生存，乃至很快消散，也带走了光辉无比的玛雅文明。留下来的为数众多的普通玛雅农民，自然无法读懂那些原来就一无所知的文字和史书了。

拓 展 阅 读

墨西哥考古学家在墨西哥南部恰帕斯州托尼纳发现了一座拥有1100年历史的玛雅文明末期古墓，并在其中发现了其他文明的陶制品。这一发现表明，曾经有其他文明在玛雅文明从辉煌走向衰败之后占领过这个定居点。

史前文明毁于大洪水吗

圣经中的记载

有关史前大洪水的过程，《圣经》中有所描述。虽然《圣经》是一本宗教书籍，但很多学者认为《圣经》描述的是真实

的人类历史。

以下为《圣经》中关于大洪水写道："洪水泛滥地上40昼夜，水往上涨，把方舟从地上漂起"。"水势在地上极其浩大，山岭都淹了"。"5个月后，方舟停在拉腊山上，又过4个月后，诺亚离开了方舟。"

史前洪水同时伴随着大陆的变迁完全摧毁了当时整个地球的人类文明，只有极少数人活下来了。近来考古学家发现的许多史前遗迹，如亚特兰第斯大陆等均可能因那次洪水而消失。

英国的民族学家弗雷泽曾指出：在北美洲、中美洲、南美洲的130多个印第安种族中，没有一个种族没有以大洪水为主题的神话。事实上，记录大

洪水的并不限于美洲的印第安人，在世界各大陆上生活的民族中几乎都有关于大洪水的记载。

考古学家的发现

大约12000年前左右，上一期人类文明曾遭受一次特大洪水的袭击，那次洪水也导致大陆的下沉。考古学家陆续发现了许多那次大洪水的直接和间接证据。

人类文化学家也通过研究世界各地不同民族关于本民族文明起源的传说时发现：世界各地不同民族的古老传说都普遍提及人类曾经历过多次毁灭性大灾难，并且如此一致地记述了在我们本次人类文明出现之前的某一远古时期，地球上曾发生过一次造成全人类文明毁灭的大洪水，而只有极少数人得以存活下来。

远古的大洪水是怎么回事

《旧约·创世纪》载有古犹太人的传说：上帝看到人类已败坏，便以洪水灭世。水势极为浩大，淹没了所有的高山。只有诺亚奉上帝之命建了一艘方舟，载着他一家老小及各种留种的动物逃脱了灭顶之灾。这是在西欧家喻户晓的传说故事。

1872年，年轻的亚述学者乔治·史密斯提出诺亚洪水与古

代两河流域世界大洪水同出一辙。此说被日后发现的《吉尔伽美什史诗》第十一版所证实，从而引发了关于远古世界大洪水及其传说的一场旷日持久的争论。

目前，争论的焦点主要集中在两个最基本的问题上：一是远古初民时代究竟有没有一场世界大洪水？二是世界上普通流行的大洪水传说是怎样起源的？

比较有影响的三种说法

克莱默等学者认为，世界性的大洪水纯系子虚乌有，各地的洪水传说大多起源于两河流域的苏美尔人。他们依据是考古

发现，本世纪初发现了载有最早洪水传说的苏美尔版，尔后在苏美尔古城乌尔的发掘中，又在地下发现了11米厚的沙层。

据考是公元前4500年前后两河流域的一次特大洪水堆积出来的，洪水还淹没了一个叫乌博地安的史前民族。故克莱默等人深信，苏美尔的洪水故事是这一次大灾难留下的记忆，经民间传说夸大为世界大洪水。这一故事通过在古巴比伦人、犹太人等许多民族中的流传而逐步演化为世界性文化现象。

另一种意见截然相反。他们认为，地球第四纪冰期在12000年前开始退却时，气候转暖，冰河大量融化泛滥，海水

不断上升，吞没了出露的大陆架和陆桥，并发生普遍的大海侵，淹没了许多海岸和部分陆地。故世界性的大洪水确实发生过，但并没达到淹没一切的程度。

当时靠海及靠水的人们损失巨大，被迫向高地迁徙，随之带去了可怕的洪水故事。因此世界上大多数地方都有关于世界大洪水的传说。许多淹没在海水之下的文明遗迹及大海侵的痕迹成为此说的有力论据。

以英国富勒为代表的一批学者提出，世界大洪水是不可能的。他们认为各种洪水故事的起源不尽相同，并不是共出一

源。在古代世界的各个地方，火山地震引起的海啸、飓风掀起
的海水猛涨、大雨或融雪造成的大泛滥，都有可能被深受其害
的人们传说为世界大洪水。并且，不少故事纯粹是神话，是主
观想象的结果，因而是不足信的。那远古世界大洪水的真相究
竟如何呢？

拓 展 阅 读

据考证，全世界已知的关于大洪水传说有600
多则。如中国、日本、马来西亚、泰国、印度、澳
大利亚、希腊、埃及及非洲、南美、北美等不同国
家和民族的传说中都保留着对一场大洪水的记忆。

史前文明毁于核大战吗

遗留的奇迹

众所周知，人类有文字可考的历史至今不过2000年，但是7000年前的人类却建筑起埃及金字塔。人类懂得穿上衣服的历史至今不过4600年，但是，大西洋海底却发现了11000年前

的精致铜器。此外，世界各地还发现并证实了20000年前的铁钉，30000年前的壁画以及40000年前的牛羊骸骨中赫然的子弹穿过的痕迹。

这样相互矛盾而发人深省的例子有很多。这些奇迹是来自外星人或来自我们的祖先？世界各国科学家和考古学家对此众说纷纭，莫衷一是。

人类进化至今是不是只是30万年至40万年历史呢？可以肯定地回答：不是。人类进化至现在，已经有上百万年历史，通过碳-14已经精确地估算出某种高度文明的产物远在30000年至40000年前就已出现。而它的范围之大，使我们有理由相信

30000年至40000年前，人类有一个活跃和鼎盛时期。

我们的地球曾经不止一次遭到大洪水、大爆炸、大灾难的侵袭，因此古文明可能一毁再毁，古人类也死而复生。

对于这些大灾难的各种传说，考究其历史，都可以追溯至12000年前以前，刚好在冰河结束时期，这使我们对这些传说无法掉以轻心，仅仅视为神话或多事的臆测。同时这也证明了人类远在12000年前就有历史，并且较4000年前甚至比今日更发达。

无法得知的文明进程

从海底探测获得的资料显示，那些在古代哲学家的著作中被称为奇迹的亚特兰蒂斯，可能正沉在百慕大三角的西方。

由水中拍摄的照片和实地勘测可知，10000年前的人类已能举起数百吨的巨石了。这个大洪水时代以前的文明废墟，其海底墙壁和海中道路的浩大精妙，无殊于今日视之为谜的7000年前埃及金字塔。

也许在12000年前，人类对宇宙的知识已经超过了今日。也许在三四万年前或10多万年以前，人类已经有了数次这种文明的高峰。我们仅仅可以知道地球文明史的高峰是人类创造的，但无法得知人类文明的进程。

史诗的记载

有一部著名的古印度史诗《摩诃波罗多》，写成于公元前1500年，距今有3400多年了。而书中记载的史实则要比成书时间早2000年，就是说书中的事情是发生在5000多年前的事了。

此书记载了居住在印度恒河上游的科拉瓦人和潘达瓦人、

弗里希尼人和安哈卡人两次激烈的战争。令人不解和惊讶的是，从这两次、战争的描写中看，他们是在打核战争！

书中的第一次战争是这样描述的："英勇的阿特瓦坦，稳坐在维类似飞机的飞行器的马纳内降落在水中，发射了类似火箭武器的阿格尼亚，它喷着火，但无烟，威力无穷。刹那间潘达瓦人的上空黑了下来，接着狂风大作，乌云滚滚，向上翻腾，沙石不断从空中打来"。"太阳似乎在空中摇曳，这种武器发出可怕的灼热，使地动山摇，大片的地段内，动物倒毙，河水沸腾，鱼虾等全部烫死。火箭爆发时声如雷鸣，敌兵烧得如焚焦的树干"。

第二次战争描写更令人毛骨悚然，胆战心惊："古尔卡乘

着快速的维马纳，向敌方3个城市发射了一枚火箭。此火箭似有整个宇宙力，其亮度犹如数万个太阳，烟火柱滚升入天空，壮观无比"。"尸体被烧得无可辨认，毛发和指甲脱落了，陶瓷器碎裂，盘旋的鸟在天空中被灼死"。

看到此惨状，现代人会立刻联想到原子弹爆炸后产生的威力。在原子弹还没有产生的年代，许多学者一直认为此书中的那些悲惨的描写是"带有诗意的夸张"。可是到了美国在日本广岛和长崎投下两颗原子弹之后，他们才恍然大悟，这些描写就似原子弹爆炸目击记一样准确。

后来考古学家在发生上述战争的恒河上游发现了众多的已成焦土的废墟。这些废墟中大块大块的岩石被黏合在一起，表面凸凹不平。要知道，能使岩石溶化，最低需要1800度。一般的大火都达不到这个温度。只有原子弹的核爆炸才能达到。

在德肯原始森林里，人们也发现了更多的焦土废墟。废墟的城墙被晶化，光滑似玻璃。除了在印度外，古巴比伦、撒哈拉沙漠、蒙古的戈壁上都发现了史前核战的废墟。废墟中的玻璃石都与今天的核试验场的玻璃石一模一样。

由此而论，国外物理学家弗里德里克·索迪认为："我相信人类曾有过若干次文明。人类存在时已熟悉原子能，但由于误用使他们遭到了毁灭"。

这可能吗？大部分科学家们认为这仅是一种附会，是不能

令人信服的。但是另有一些人坚持自己的看法，认为我们的地球早已存在50多亿年了，而人类文明仅仅有5000多年历史有些说不过去。这个谜现在仍未解开。

拓展阅读

　　考古学家实地去考察了史诗中记载的战争发生的地方，他们找到一些废墟。那里有很多黏合着的大块岩石，感觉不像是一般火焰烧毁所导致。在印度之外的巴比伦、撒哈拉沙漠以及蒙古的戈壁滩，相继发现了一些史前废墟，并在那里找到了跟现在核试验场中同样的物质。

南极史前文明消失之谜

南极可能存在史前文明

据俄罗斯报界披露，爱因斯坦和不少的科学家坚信，如今冰天雪地毫无生机的南极曾经是人类文明的发祥地。

爱因斯坦认为，10000多年前，北极不在北极点上，而在

　　今天的加拿大北海岸附近。南极也不在南极点上，而位于温带地区。那个时候，温度气候均适宜的南极大陆也许曾孕育了一种高度发达的古文明。

　　然而好景不长，因为地壳发生了逆时针大移动，北极漂移到了今天的位置，南极漂移到了冰天雪地的南极点，气候突然异常寒冷，大陆被冰雪覆盖，南极文明也就随之消失了。非常有意思的是，远非只有爱因斯坦一人持这种观点，与他持类似观点——人类文明可能源于远古南极的科学家不在少数。

古地图惊曝南极冰下秘密

据称，爱因斯坦和其他科学家持这种观点并非耸人听闻或者凭空猜测，而是有相当的证据。事实上，自第二次世界大战以来，南极大陆可能存在史前文明的设想反复被提及，不少的历史学家、人类学家以及考古学家纷纷将目光投向那片冰天雪地，其中一幅不可思议的古地图更是加强了科学界对南极的思索。

1840年，伊斯坦布尔国家博物馆馆长哈利勒·艾德海，在土耳其伊斯坦布尔的托普卡比宫找到一张奇特的古代地图。这张古地图是18世纪初发现的，看样子是一份复制品。地图上除了地中海地区画得十分精确，其余地区如美洲、非洲都严重变形。

后来，科学家们终于找到这张地图的原件，这张由土耳其帝国舰队的海军上将皮尔·雷斯于1513年绘制的地图，几乎在南极洲被发现的200年前就把这块神秘的陆地标出来了，并且他画的南极洲是没有冰封的状态。

六千年前南极没有冰雪

雷斯地图上的南极洲，整体形状和轮廓像极了现代地图所呈现的这块大陆。南极靠近大陆中央，和现代地图显示的相差不远。环绕海岸的山脉，使人联想到最近几年在南极洲发现的诸多山脉；河流发源自这些山脉，蜿蜒流向大海，每一条河流都依循看起来非常自然、非常可信的排水模式。

这显示，有关南极洲最早的地图绘成时，这块大陆的海岸犹未被冰雪覆盖。然而，今天地图所呈现的南极洲内陆，已完全不见河川和山脉的踪影，被冰雪覆盖。

　　1532年，奥伦提乌斯·费纳乌斯根据史料绘制的世界地图又绘制了一张地图，并在地图上注明了南极上的各个河床。1949年，海军上将贝尔达率领探险队到达南极罗斯海，结果发现费纳乌斯在地图上标明的河床与实地景象十分相近并一一对应。

　　在这些河床里，有很多由河流带到南极并沉积下来的中纬度细粒岩石以及其他沉积物。后来，华盛顿卡内基研究所的科学家们对这些沉积物进行了研究，结果发现它们已有6000多年了。

　　也就是说，在6000年前，南极曾处于冰川前期很温暖的时候，百川奔流，草木葱茏，充满了生机。费纳乌斯地图显然也证实了一个惊人听闻的观点：在冰雪完全覆盖之前，南极洲曾被人类探访甚至定居过。若真是如此，那么最初绘制南极洲地图的人，就应该是生活在极为远古时代的南极人。

南极史前文明消失之谜

据此，我们是否可以设想，在10000多年前，南极大陆处于温带。优越的自然环境孕育了高度发达的文明，甚至可比18世纪的科学水平。那里的人们掌握着先进的航海技术和天文知识，他们率领着船队，穿梭于大洋与大陆之间。他们把自己的文明带到世界的每个角落，给蛮荒落后的大陆带去智慧和奇迹，也成为彼此文化间交流和联系的桥梁。但是，这个文明怎么会突然从地球上消失，不留一点儿痕迹的呢？

科学家的猜测

据此科学家们提出三种猜测。

第一，可能是地壳突然发生变动，引发了一场巨大的灾难，洪水淹没了整个世界，也淹没了曾经传播文明的王国和人民。

　　第二，有些科学家认为，南极史前文明并没有完全消失，可能因为地球气候发生变化，南极大陆逐渐被冰雪覆盖，曾经的史前文明被厚厚的冰层永远埋葬。

　　第三种可能就是这种文明仍然存在，他们可能将自己的先进知识传播给了埃及人。

拓展阅读

　　现今科学家研究发现，南极并不是一直就在地球的最南端，科学家已经在地层中找到了证据，南极大陆还是冈瓦纳大陆的一部分时，即3亿年前至2.5亿年前之间，就已经出现了冰盖，但这和现代南极大陆的冰川和冰盖完全是两回事。

月亮是史前人造天体吗

月球不是自然天体

科学家们发现，月球是一个异乎寻常的天体，它比自然天体的卫星大得多。地球直径12756千米，月球的直径3467千米，为地球直径的27%。

　　火星直径6787千米，有两个卫星，大的一个直径23千米，是火星的0.34%。木星直径142800千米，有13个卫星，最大的一个直径5000千米，是木星的3.5%。土星直径120000千米，有23个卫星，最大的一个直径4500千米，是土星的3.75%。其他行星的卫星，直径都没有超过母星的5%，但是月球却达到27%，这表明月球不是一般的天体。

　　月球不是绕地球旋转，而是伴着地球对转。其反常轴向自旋，速度非常之快，远远快于其类似的行星所应有的速度。一般天然卫星的轨道都是椭圆的，而月球轨道却是圆形的，我们知道，只有人造地球卫星的轨道是圆的。月亮与同样大小的行星相比，密度要小得多，预示它不同于其他行星，它内部可能

是空的。

地球对月球的引力远远小于太阳对月球的引力，但月球却没有被太阳吸引过去而仍留在地球的轨道上。如果月球是一颗宇宙中的天然星体，那么它一进入太阳系就会被体大无比的木星吸引过去而不会跑到地球身边。所以，很难想象月球是在宇宙中自然形成的。

地球属于类地行星，而类地行星除地球外，其他的都无卫星。也就是说月球不是地球的卫星，它更像人造天体。

月震试验月球内部是空的证据

地震学家通常用地震波研究地球内部的性质，同样，科学家们可以用月震波研究月球内部的性质。美国宇航员以月面为基地设置了高灵敏度的地震仪将月震资料发送回地球。其中一台由"阿波罗11号"的宇航员设置在静海，另一台由"阿波罗12号"的宇航员设置在风暴洋。这种高灵敏度的地震仪甚至能记录宇航员在月面上的脚步声。

美国中部标准时间1969年11月20日4时15分"阿波罗12号"的宇航员用登月舱的上升段撞击了月球表面，随即发生了月震。月球摇晃了55分钟以上。震动由小逐渐变大，至强度最大用了约8分钟，然后振幅逐渐减弱直至消失。这个过程用了大约一个小时，而且余音袅袅，经久不绝。

地震研究所的负责人莫里斯·云克在下午的电视新闻节目中传达这个令人吃惊的事实时说，要直观地描述一下这种震动的话，就像敲响了教堂的大钟。震波只是从震中向月球表层四周传播，而没有向月球内部传播，就像在一个完全中空的金属球体上发生的。在地球上这种现象是绝对不可能发生的。这充分证明月球内部是空的，表面是一层壳。

在"阿波罗12号"造成奇迹后，"阿波罗13号"的宇航员用无线电遥控飞船的第三级火箭使它撞击月面，地点选在距"阿波罗12号"的宇航员设置的地震仪140千米的地方。月震持续3小时20分钟后才逐渐结束，月震深度达35千米至40千米。

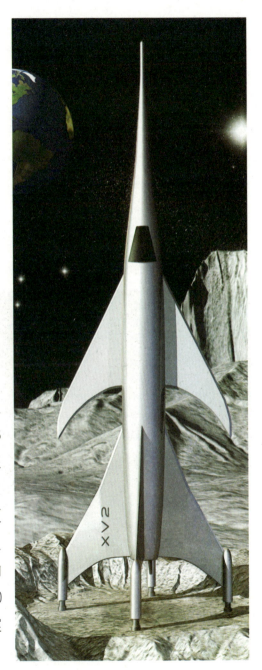

只有中空的球体才会发生这种形式的振动。"阿波罗13号"、"阿波罗14号"的宇航员还进行了多次月震试验，最大的一次月震造成的月面振动持续了4个小时。

美国航空航天局的报告书谈到，月震研究表明，月壳内部存在一个65千米厚的"硬层"。科学家冯·布劳恩博士指出，在65千米的深度振动传播速度是每秒10千米，这是岩石无法达到的，查阅一下物理学手册，就知道声音只有在金属或金属质岩石才能达到如此的传导速度。

振动在月球内部的传导速度与振动在金属中的传导速度一致，科学家们推测月球内部存在金属的壳体，而在壳体之上覆

盖着松散的16千米至32千米厚的石块层。乌德博士等人说这个松散层是在若干亿年的时间里，陨石和小行星、彗星多次猛烈撞击月面破碎后逐渐形成的岩石层，月球是史前人造的。美国航空航天局的科学家们根据得到的所有资料和数据制作了形形色色的月球模型，其中一个是用钛构成的中空的球体。

月球磁场的证据

科学研究表明，宇宙天体都有磁场，而月球几乎没有磁场，科学家认为地球的磁场起源于地球内部的地核。地核分为内核和外核，内核是固态的，外核是液态的。它的黏滞系数很小，能够迅速流动，产生感应电流，从而产生磁场，地球磁场强度介于0.35奥斯特至0.7奥斯特之间，由陨石的天然剩磁推测其他天体的磁场强度为0.59奥斯特。

这就是说，所有天然天体都有磁场，像地球一样，是实心的。而月球却完全不同，根据"阿波罗"宇宙飞船采回的月岩样品及月球表面磁场的直接测量，月球周围的磁场强度不及地球磁场强度的1/1000，月球几乎不存在磁场，它内部没有像地球那样的内核，它内部是空的。

月球密度的证据

科学家们已经知道月球的平均密度是每立方厘米3.33克，地球密度是每立方厘米5.5克，几乎相差一半。哈洛德·尤里博士

等科学家认为这是由于月球重心空虚所致。英国皇家天文学会的月球权威尔金斯博士甚至估计月球中有体积约1400万立方英里的空洞。

美国航空航天局的科学家称，"阿波罗11号"、"阿波罗12号"宇航员带回的月面岩石标本的密度比地球岩石的密度要高得多，它在月球重力环境下重量只有地球岩石的一半，而且只有月球的外壳如此坚硬，那么其内部不就是空的吗？

美国麻省理工学院的科学家所罗门博士，对月球的重力进

行了研究并提出，月球内部可能是空的。他说道： "根据月球轨道环行器的观测，使我们得以获得了与月球有关的大量知识，尤其在重力方面。也就是说，月球内部很可能是空的。"人类用现代科技的手段，认识到月球内部可能是空洞。

月岩的年龄

月岩研究表明，在形成年代上月球略早于地球。月球表面最古老的岩石形成于46亿年前，而我们地球上发现最早的岩石的形成时间不过是39亿年。并有6种元素是地球上所没有的，这是许多月球起源假说无法解释的。

月球是史前人造的，月球实际上并不是我们地球的自然卫星，而是一个人造天体。现在科技界有许多发现表明存在史前文明，在我们人类这次文明以前还存在着文明时期，其发展方式与现在完全不同。既然今天的科学家都能想到在太空中造一面镜子，利用它反射太阳光照到地球上，人类有什么理由怀疑史前人类在太空中造一个月亮的能力呢？

国外有许多大胆的科学家已经公开承认存在史前文明，如苏联科学家曾提出月球起源的"巨型宇宙飞船"说，认为月球是一个受智慧生物控制的天体，是外星人将月球改造为中空的宇宙飞船。

这在人类看来，已经

接受不了，现代科学无论怎样发展，也无法解释月球与地球的起源，更无法认识宇宙的真相。其实，史前人认识到了黑夜给人带来的麻烦，所以制造个月亮上去，它可以给地球在夜间带来光明。

拓 展 阅 读

1999年2月4日，俄罗斯"和平号"空间站上的两名宇航员将"人造月亮"送入太空。这为人类进一步了解月球奥秘提供了更为便捷的条件。

诺亚方舟是神话吗

诺亚方舟真的存在吗

不仅仅是《圣经》，世界各地都流传着关于大洪水和方舟的神话。据说因为有了这艘船，人类和各种动物才能得以逃脱上帝愤怒的惩罚。

人们总想知道有关诺亚方舟的一切，比如它的大小，建造所用的材料，航行日期和停泊地点。为了寻找这只神秘之舟，

几个世纪以来人类进行了上百次探险，但至今仍然没有找到它存在的证据。它的秘密难道真的被永远冰封在亚拉腊山中了吗？

诺亚方舟化成了石头，矗立在《圣经》中所说的停泊地点，即土耳其亚拉腊山将近5000米高的冰山上。它的全部内容不仅是一个神话，并且还是对专业地质学家、考古学家和众多热衷于从宗教角度进行"方舟考古"的爱好者的一个挑战。因为要寻找诺亚方舟，除了需要科学和文化方面的知识外，还要冒着攀登亚拉腊山的巨大风险。

这座山在土耳其语中被称为"惩罚之山"，因为它经常发生雪崩和山崩，有终年隐匿在烟雾中的大裂缝，以及地震和火山爆发，大量的二氧化碳等有害气体，还有雷击的危险，最后就是土耳其政府下达的禁令和被库尔德游击队员擒获的危险。这就使几十次探险终以失败告终，但是寻找仍在继续。

关于诺亚方舟的传说

诺亚方舟是出自圣经《创世纪》中的一个引人入胜的传说。由于偷吃禁果，亚当夏娃被逐出伊甸园。亚当活了930岁，他和夏娃的子女无数，他们的后代子孙传宗接代，越来越多，逐渐遍布整个大地。此后，揭开了人类互相残杀的序幕。人类打着原罪的烙印，上帝诅咒了土地，人们不得不付出艰辛的劳动才能果腹，因此怨恨与恶念日增。人们无休止地相互厮杀、争斗、掠夺，人世间的暴力和罪恶简直至了无以复加的地步。

上帝看到了这一切，他非常后悔造了人，面对人类犯下的

罪孽心里十分忧伤。上帝说："我要将所造的人和走兽、昆虫以及空中的飞鸟都从地上消灭。"但是他又舍不得把他的造物全部毁掉，他希望新一代的人和动物能够比较听话，悔过自新，建立一个理想的世界。

在罪孽深重的人群中，只有诺亚在上帝眼里是一个义人，很守本分，他的3个儿子在父亲的严格教育下也没有误入歧途。诺亚也常告诫周围的人们，应该赶快停止作恶，从充满罪恶的生活中摆脱出来。但人们对他的话都不以为然，继续我行我素，一味地作恶享乐。

上帝选中了诺亚一家：诺亚夫妇、3个儿子及其媳妇，作

为新一代人类的种子保存下来。上帝告诉他们7天之后就要实施大毁灭，要他们造一艘方舟，分一间一间的造，里外抹上松香。这只方舟要长132米，宽22米，高13.2米，上边要留有透光的窗户，旁边要开一道门，要分上中下3层。

诺亚600岁生辰那天，海洋的泉源都裂开了，巨大的水柱从地下喷射而出，天上的窗户都敞开了，大雨日夜不停，降了整整40天。水无处可流，迅速地上涨，比最高的山巅都要高出6.6米。凡是在旱地上靠肺呼吸的动物都死了，只留下方舟里的人和动物的种子安然无恙。方舟载着上帝的厚望漂泊在无边无际的汪洋上。

　　上帝顾念诺亚和方舟中的飞禽走兽，便下令止雨兴风，风吹着水，水势渐渐消退。诺亚方舟停靠在亚拉腊山边。又过了几十天，诺亚打开方舟的窗户，放出一只乌鸦去探听消息，但乌鸦一去不回。诺亚又把一只鸽子放出去，要它去看看地上的水退了没有。由于遍地是水，鸽子找不到落脚之处，又飞回方舟。

　　7天之后，诺亚又把鸽子放出去，黄昏时分，鸽子飞回来了，嘴里衔着橄榄叶，很明显是从树上啄下来的。再过7天，诺亚又放出鸽子，这次鸽子不再回来了。

　　诺亚601岁那年的1月1日，地上的水都退干了。诺亚开门观望，地上的水退净了。到2月27日，大地全干了。于是，上帝对诺亚说："你和妻儿媳妇可以出舟了。你要把和你同在舟里的所有飞鸟，动物和一切爬行生物都带出来，让它们在地上繁衍生长吧！"

　　于是，诺亚全家和方舟里的其他所有生物，都按着种类出来了。后世的人们就用鸽子和橄榄枝来象征和平。

谁是发现诺亚方舟的第一人

1916年，俄国飞行员拉特米飞越雪山时，发现山头有一团蓝色的东西，好奇心促使他飞回细看，他惊讶地看到了一艘房子般大的船，一侧还有门，其中一扇已毁坏。拉特米很快就把他发现诺亚方舟的奇遇报告了沙皇尼古拉二世。当时他曾组织一支探险队，但由于十月革命爆发这项计划告吹。

其实，拉特米并不是第一个发现诺亚方舟的人。早在17世纪，荷兰人托依斯就写过一本书，书中他声称自己找到了诺亚方舟，并附有诺亚方舟的插图。

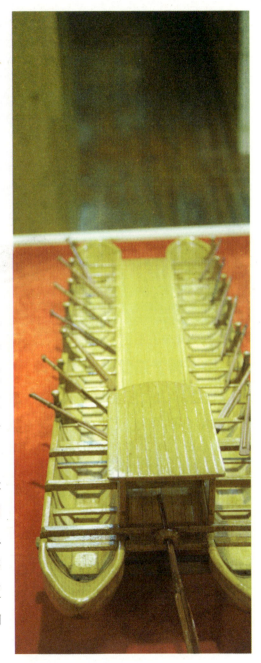

终于有了诺亚方舟的照片

亚拉腊山位于土耳其东端，靠近伊朗国境的地方，是座海拔5070米的死火山，山顶自古就被冰川覆盖，传说山顶留有诺亚方舟。

1795年，一个叫弗利德里希的爱沙尼登山家，初次在亚拉腊山登顶成功。随后，在1850年，盖尔奇科上校率领的土耳其测量队也登上了顶峰。1876年，英国贵族詹姆斯·伯拉伊斯在圣山高约4500米的岩石地带，捡到了木片，并发表了他找到方舟残迹的消息。

第二次世界大战后，一位土耳其飞行员拍了一张"方舟"照片。从此，方舟不再是人们口头传闻，而是有了照片的实物。更令人吃惊的是：照片放大处理后，测出船身为150米长，50米宽，和传说中的方舟近似。

1952年，法国的琼·利克极地探险家又组织了探查队，并成功地登上了亚拉腊山顶，然而关于诺亚方舟却什么也没有发现。

1953年7月，琼·费尔南·纳瓦拉他带了11岁的小儿子第三次登上亚拉腊山峰顶，他们从冰川中带回了一块木板。对这块木板的科学研究结果证明，是一块经特殊处理过的木板。经碳-14检测，它至少有4484年的历史，正是所传方舟建造的年代。人们惊呆了，又有照片，又有实物，费尔南坚信自己发现的就是诺亚方舟。

但有人提出质疑：即使发生特大洪水，地球水位也不会升到5000米的高度，方舟何以能在亚拉腊山巅？

有专家认为：从科学观点来看，历史上有人见过诺亚方舟

的说法是没有说服力的。如果方舟在5000年前搁置在亚拉腊山的山顶附近，那它很可能早就被冰川运动转移到较低的高地。方舟至少在某种程度上已支离破碎，木头撒遍了亚拉腊山的较低山坡。就我们所知，从来也没人找到过这样大宗的木头，更不用说方舟的残骸了。

大船是传说还是确实存在

由《圣经》的记载推算，大船应该是一只排水量43000吨的巨大木箱，最后停靠在亚拉腊山上。亚拉腊山位于今土耳其东部，海拔5000多米，这里真是大船最后的归宿吗？

2003年，卫星拍到亚拉腊山有一片不规则区域，这里纹理相对平整，好像和周围的岩石质地不同。科学家通过分析，计算出不规则区域的长度是309米。更令人兴奋的是，记载中的诺亚方舟长宽比为6:1，而卫星拍摄的照片显示，不规则区域的长宽比也是6:1。

2008年开始，先后有中国和土耳其的方舟探索队来此一探究竟，近两年的探索后，他们终于在亚拉腊山海拔4000多米的冰川下找到一处人工遗迹，经证实，确为诺亚方舟遗骸。

遗骸为巨型木结构，木样本经分析，证实有4800年历史。

亚拉腊山的雪线以上没有树木生长，由于气候严酷，3000米以上也从没有人类建屋聚居的遗迹，加上当地世代以泥砖建屋，木材是罕有建材。如此推测，这处遗骸应该就是传说中的诺亚方舟。

木结构如今已经破损，队员从不同的破口进入，迄今为止发现7个空间，空间高度超过5米，内里的墙身也全是木质，但并非盒子形，墙身有点弧形和倾斜。

亚拉腊山的永久雪线位于海拔3900米，而方舟遗骸在4000米以上，有利于木材的保存。而木材可以负载本身重量的5倍，因此木结构承受了巨大的重量而没有粉碎。这些因素让方舟得以保存至今，最终现身于世。如此说来，其他关于方舟遗迹、遗址的传言自然不攻自破，探索正版方舟的脚步仍然还在继续。

拓展阅读

2010年4月28日，一支由香港人和土耳其人组成的探索队在北京宣布，他们日前在土耳其东部的亚拉腊山海拔超过4000米处发现了诺亚方舟遗迹，并成功进入巨型木结构的方舟内，探索队员还在方舟内发现了陶器、绳索以及类似种子的物体。这一发现引起了土耳其政府官员的高度重视。